soy
niña

Soy niña: Creada con un propósito hermoso

Copyright © 2024 por Betsy Gómez
Todos los derechos reservados.
Derechos internacionales registrados.

B&H Publishing Group
Brentwood TN, 37027

Diseño de portada: Román Díaz

Clasificación Decimal Dewey: C305.4
Clasifíquese: NIÑAS \ GÉNERO Y SEXUALIDAD \ MUJERES--IDENTIDAD

Las citas bíblicas marcadas NBLA se tomaron de la Nueva Biblia de las Américas (NBLA),
Copyright © 2005 por The Lockman Foundation. Usadas con permiso.

ISBN: 978-1-0877-8295-9

Impreso en China

1 2 3 4 5 * 27 26 25 24

Esa mañana, entraron Papá y Mamá
a la habitación, diciendo: «¡Feliz cumpleaños!».

Mamá, muy emocionada, le dijo: «Esto es un recordatorio
de un regalo que Dios te dio al crearte: el privilegio de ser una niña».

«Ser una niña es bueno en gran manera y queremos
que lo recuerdes siempre», le dijo
Papá con una sonrisa.

«¿Ser una niña es un regalo? ¿Quién dijo que era bueno?», preguntó Grace algo sorprendida.

«Dios lo dijo», respondió Mamá.

«¿Dios?», indagó Grace.

«¡Sí! Lo dijo cuando creó al primer hombre y a la primera mujer que existieron. Sus palabras están escritas en Su libro... ¡la Biblia!», añadió Papá.

Papá se sentó y, con la Biblia en la mano, dijo: «Él escribió su maravillosa historia y nos la regaló para que lo conociéramos.

En el principio no había NADA.
En medio de la oscuridad, Dios entró en
escena, y de la nada, ¡lo creó TODO!».

«El día y la noche, el cielo y el mar. La tierra, las plantas, las flores, el sol, la luna, y todos los animales».

«Todo lo diseñó hermoso y en orden. Su creación era tan hermosa que, al finalizarla, sonrió y dijo: ¡esto es bueno!».

«Luego, Dios creó al hombre y a la mujer, y les dio un privilegio increíble. Los hizo completamente distintos de todo lo creado. Les regaló la capacidad de parecerse a Él en algunas maneras; los hizo a Su imagen.

»Su diseño fue tan genial que, al terminar, Dios dijo: "¡esto es bueno en gran manera!"».

«Papá, ¿quieres decir que me parezco a Dios?».

«Sí. ¡Dios te creó para que lo reflejaras! Su imagen en las personas es lo que hace que todos los seres humanos sean igualmente valiosos para Él, incluidos todos los niños y todas las niñas».

«Pero, ¿cómo lo hizo?», preguntó Grace.

«Dios creó al hombre primero, y lo llamó Adán», continuó Papá.

«Él le asignó un trabajo muy especial: proteger el jardín que le había regalado y nombrar a todos los animales. Luego, Dios dijo: "No es bueno que el hombre esté solo, haré una ayuda adecuada para él". ¿Y sabes a quién hizo?».

«¡A la mujer!», exclamó Grace.

«Sí. Dios creó a la mujer y la trajo a Adán,
y él se asombró porque ella era maravillosa», dijo Papá.

Con rostro sorprendido, Grace preguntó:
«Pero, ¿por qué Dios hizo a las mujeres
para ayudar?».

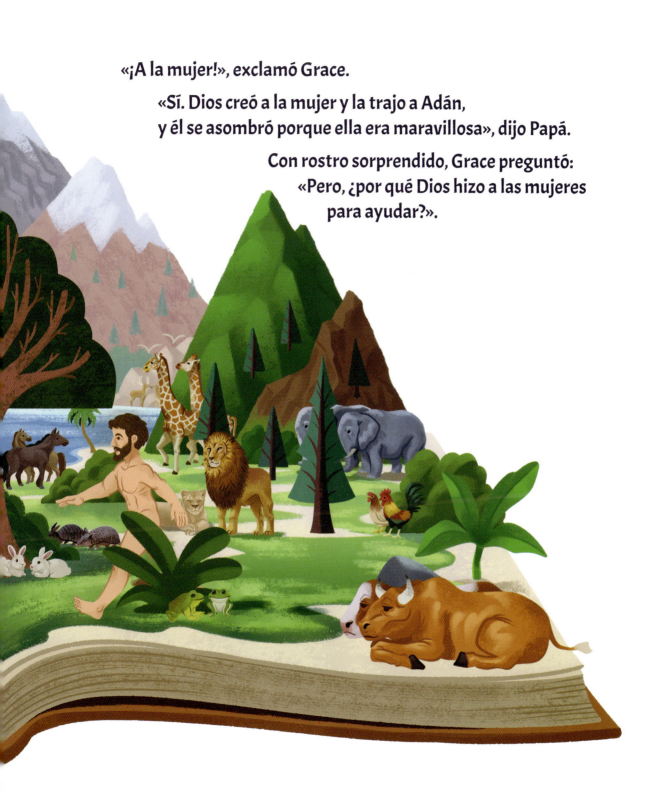

«¡Él creó a las niñas para que ayudaran a los niños a contar la maravillosa historia de Dios!», contestó Papá.

«Además, Dios hizo a las niñas con características diferentes de los niños, para que reflejaran el corazón de su Creador de forma única, y eso es bueno en gran manera».

«¿Puedo reflejar a Dios ayudando a los demás?», preguntó Grace.

«Sí. ¿Sabías que Dios es nuestro ayudador? Él no se avergüenza de llamarse "el Ayudador de Sus hijos"», continuó Papá.

«Dios piensa que ayudar es un gran privilegio. Hizo a las niñas con una capacidad increíble para ayudar a quienes las rodean a glorificar a Dios, y eso es bueno en gran manera».

«¡Quiero ayudar a todos!», exclamó Grace.

Mamá, muy emocionada de escuchar a Grace, continúo: «Hay un montón de maneras en las que puedes reflejar el corazón de Dios, pero, ¿sabías que hay una especialmente para las mujeres?

»Dios es el dador de la vida, y cuando creó a la mujer, le dio el regalo de dar vida con su cuerpo y al cuidar a otros de una manera única. ¡Solo las mujeres pueden ser madres!».

«Ahh... ¡por eso mi hermanito estaba en tu panza, y no en la de papá!».

«¡Exactamente!», dijo Mamá.

«¡Todo tiene sentido ahora! Por eso el bebé comía de tu pecho y no del pecho de papá».

«¡Eres muy observadora! Dios diseñó a las niñas con la capacidad de dar vida y de nutrirla, ¡y eso es bueno en gran manera!», le dijo Mamá con una gran sonrisa.

«¡Vaya, ser una niña es mucho mejor de lo que pensaba!».

«Pero, ¿y las personas mayores, que ya no pueden ayudar ni tener más bebés, siguen siendo mujeres?», cuestionó Grace.

«¡Por supuesto! Dios nos diseñó a las mujeres para reflejar Su corazón en todas las etapas de la vida, y eso nunca cambiará. Además, no todas las niñas se casarán y tendrán hijos cuando sean grandes, pero todas pueden cuidar y nutrir a los demás, y ser madres espirituales al guiar a otros a Dios».

«Ser niña es un regalo tan especial que Dios no quería que lo olvidaras, así que te dejó un recordatorio en todas las partes de tu cuerpo. Hasta la partícula más pequeñita de tu cuerpo tiene escrito que eres niña».

«¿En mi cuerpo?», se sorprendió Grace.

«¿Mi cabello dice que soy niña?
¿También lo escribió en mis pies?».

«Sí, Él quiere que recuerdes que siempre
serás mujer, ¡y que eso es bueno en gran manera!».

«Entonces, ¿por qué a veces parece que ser una niña no es algo bueno?».

«Algo terrible sucedió con el hermoso diseño de Dios. El hombre y la mujer, en lugar de amar a Dios, eligieron desobedecerle. Dudaron de Su bondad y Su sabiduría, y le dieron la espalda a su Creador.

»A partir de ese momento, el *pecado* manchó el maravilloso diseño de Dios», continuó Papá.

«Y las personas empezaron a tener pensamientos equivocados como:

»*¡No quiero trabajar!*

»*¡No te amo!*

»*¡No te ayudaré!*

»*¡No quiero ser una dadora de vida!*

»No había forma de que ellos ni sus hijos ni los hijos de sus hijos arreglaran el desastre que habían cometido. Pero Dios no los dejó sin esperanza. ¡Él prometió que un día restauraría Su hermosa creación!

»Dios envió a Su Hijo y, ¿sabes a quién usó como instrumento para traerlo al mundo?

»¡A una mujer!

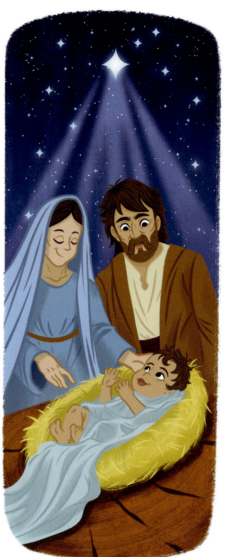
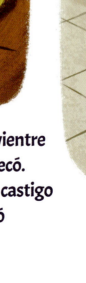

»Dios usó a una jovencita para que Su Hijo naciera de su vientre como un bebé. Él creció, vivió una vida perfecta y nunca pecó. Siempre trató a las niñas con amor y respeto. Él aceptó el castigo que merecíamos a causa de nuestra desobediencia, murió y se levantó de la tumba como vencedor.

»Además, arregló el desastre que sucedió en el jardín
y ha prometido que volverá a restaurar todas las cosas.

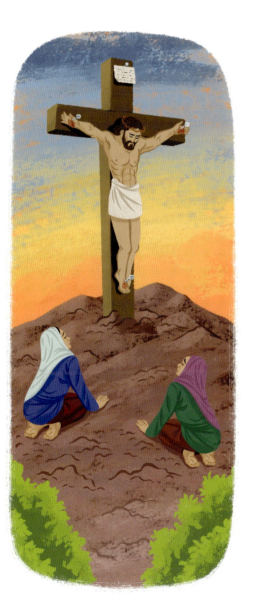

Allí, los niños y las niñas serán felices para siempre».

«Quiero que llegue ese día...»,
dijo Grace con emoción.

«Aunque a veces parezca que ser niña es difícil, la buena noticia es que, si los niños y las niñas piden perdón por sus pecados y creen que Jesús es su Salvador, pueden regresar al diseño hermoso de Dios: los niños y las niñas unidos para contar la maravillosa historia de Dios».

«¡Ser una niña es grandioso! Dios te creó femenina con un propósito hermoso en mente: que tu vida sirva para mostrarles a todos cuán maravilloso es tu Creador».

Soy una dadora de vida,
¡y eso es bueno en gran manera!

Soy una niña para
siempre, ¡y eso es bueno
en gran manera!

Soy niña
¡CREADA CON UN PROPÓSITO HERMOSO!

Soy una niña, ¡y eso es bueno en gran manera!

soy niña

¡CREADA CON UN PROPÓSITO HERMOSO!

Grace

Fui creada a la imagen de Dios,
¡y eso es bueno en gran manera!

Fui diseñada hermosa y diferente a los niños,
¡y eso es bueno en gran manera!

Puedo reflejar el corazón de Dios al ayudar a otros,
¡y eso es bueno en gran manera!

soy niña

Sección para padres

El mundo está adoctrinando a los niños, haciéndoles creer que sus sentimientos y autopercepción son el punto de partida para autodefinirse. Las mentiras de Satanás en el Edén se están infiltrando en todos los espacios de las niñas. «Tú puedes definir lo que quieres ser» es la misma mentira que llevó a la humanidad al abismo: «Tú puedes ser tu propio Dios» (ver Gén. 3:5)

Nuestras hijas necesitan conocer esa verdad cuanto antes, porque el mundo intentará atrapar sus corazones desde muy temprana edad. Es vital que ellas sean asombradas por la grandeza de su Creador, por Su hermoso diseño al hacerlas niñas y por el maravilloso privilegio de reflejar el carácter de Dios a un mundo que no lo conoce.

Ellas necesitan saber que hay una buena noticia que cambia el panorama que las arropa. Jesús, el Hijo de Dios, vino a restaurar todo lo que el pecado dañó y a reconciliarnos con nuestro Creador para que podamos vivir de acuerdo a Su diseño y propósito. Lo mejor es que Él prometió que volverá para hacer todo nuevo en un mundo sin mentiras, engaños ni confusión.

Mientras llega ese día, tenemos una gran responsabilidad por delante: estampar la verdad de la Palabra de Dios en los corazones de nuestras hijas.

Aunque sientas que estás caminando contra viento y marea, recuerda: ¡la salvación es del Señor! No te canses de sembrar semillas de verdad, ¡y pon tu esperanza en Jesús!

Con amor, Betsy

¿ Cómo sacarle el mayor provecho a este libro?

- Ora para que Dios llame a tu niña a Su camino y la convierta en una mujer para Su gloria.
- Ten una Biblia a mano mientras lees el libro.
- Este libro enseña que la Biblia es la fuente de la verdad, así que lee la Biblia con tu niña.
- Pregunta y descubre si hay algún aspecto en el que tu niña se identifique con la historia.
- Refuerza las verdades de este libro en la vida cotidiana.
- Lee el libro varias veces. La repetición es clave para el aprendizaje.
- Muéstrale a tu hija que estás agradecida por el regalo de ser mujer y gózate en el privilegio de reflejar el carácter de Dios al dar vida y ser de ayuda para la gloria de Dios.
- Celebra actividades con la familia o con amiguitas con el fin de leer el libro juntas, como tardes de té, pijamadas o noches de helado y pizza.

Frases para memorizar

- Fui creada a la imagen de Dios para Su gloria, ¡y eso es bueno en gran manera!
- Fui diseñada hermosa y diferente a los niños, ¡y eso es bueno en gran manera!
- Puedo reflejar el corazón de Dios al ayudar a otros, ¡y eso es bueno en gran manera!
- Soy una dadora de vida, ¡y eso es bueno en gran manera!
- Soy una niña para siempre, ¡y eso es bueno en gran manera!

Este libro está basado en los siguientes principios:

- La Biblia es la única fuente segura para conocer la verdad de quiénes somos (Heb. 4:12).
- Dios es el Creador (Gén. 1:1).
- Solo Dios tiene la autoridad y el derecho de definir quiénes somos (Isa. 43:1).
- Dios creó al ser humano, hombre y mujer, a Su imagen y semejanza (Gén. 1:27).
- Dios hizo al hombre y a la mujer con algunas características iguales y otras distintas que se complementan (Gén. 1:26-30; 2:18-23).
- El valor y la dignidad del hombre y la mujer se basan en la imagen de Dios (Gén. 1:27).
- Tanto hombres como mujeres fueron creados para la gloria de Dios (Ef. 1:6, 12, 14).
- Los padres que aman al Señor son los responsables de instruir a sus hijos en el temor a Dios (Deut. 6:4-8).

Para conocer y aprender más sobre *Soy niña,* escanea este código QR

Gracias a Dios por mostrarme que mi feminidad trata más de Él que de mí.
Gracias a las mujeres que Él ha usado para encaminarme a la verdad.
A mi madre Diosa, mi tía Mildred, Nancy, Laura y mi familia de ANC.
Gracias a mi esposo Moisés que me ha ayudado a florecer como mujer.

Grace, este libro es para ti.

Josué, Samuel y David, este libro es para ustedes.